essentials

Essentials liefern aktuelles Wissen in konzentrierter Form. Die Essenz dessen, worauf es als „State-of-the-Art" in der gegenwärtigen Fachdiskussion oder in der Praxis ankommt. Essentials informieren schnell, unkompliziert und verständlich.

- als Einführung in ein aktuelles Thema aus Ihrem Fachgebiet
- als Einstieg in ein für Sie noch unbekanntes Themenfeld
- als Einblick, um zum Thema mitreden zu können.

Die Bücher in elektronischer und gedruckter Form bringen das Expertenwissen von Springer-Fachautoren kompakt zur Darstellung. Sie sind besonders für die Nutzung als eBook auf Tablet-PCs, eBook-Readern und Smartphones geeignet.

Essentials: Wissensbausteine aus Wirtschaft und Gesellschaft, Medizin, Psychologie und Gesundheitsberufen, Technik und Naturwissenschaften. Von renommierten Autoren der Verlagsmarken Springer Gabler, Springer VS, Springer Medizin, Springer Spektrum, Springer Vieweg und Springer Psychologie.

Manfred Faber • Hergen Riedel

Die erfolgreiche Probezeit

Wie Berufseinsteiger die ersten Monate zielführend mitgestalten können

Manfred Faber
HR-Consultants GmbH
München
Deutschland

Dr. Hergen Riedel
PreCal Presse Contor im Alten Land
Steinkirchen
Deutschland

ISSN 2197-6708
ISBN 978-3-658-07168-4
DOI 10.1007/978-3-658-07169-1

ISSN 2197-6716 (electronic)
ISBN 978-3-658-07169-1 (eBook)

Die Deutsche Nationalbibliothek verzeichnet diese Publikation in der Deutschen Nationalbibliografie; detaillierte bibliografische Daten sind im Internet über http://dnb.d-nb.de abrufbar.

Springer Gabler
© Springer Fachmedien Wiesbaden 2014

Springer Gabler ist eine Marke von Springer DE. Springer DE ist Teil der Fachverlagsgruppe Springer Science+Business Media
www.springer-gabler.de

Was Sie in diesem Essential finden können

- Wie Sie den erfolgreichen Start in einem Unternehmen selber in die Hand nehmen
- Wie Sie Ihren neuen Arbeitsplatz aktiv mitgestalten können
- Wie Sie mit dem neuen Chef und den neuen Kollegen zielführend kommunizieren
- Wie das Arbeitsrecht in der Einstiegsphase aussieht
- Wie Sie Ihre Work-Life-Balance von Anfang an im Auge behalten können

Vorwort

Liebe Leserinnen und Leser,

Der Einstieg in den ersten Job fällt den meisten Berufseinsteigern so schwer wie kein anderer Schritt in ihrer weiteren beruflichen Laufbahn. Häufig wird hier der Grundstein für eine erfolgreiche Karriere gelegt. Aus einer schier endlosen Zahl an Möglichkeiten muss die eine richtige gewählt werden. Eine Situation, die belastet. Deshalb gleich zu Beginn ein gut gemeinter Rat: Entspannen Sie sich! Denn auch wenn die Berufswahl eine Entscheidung ist, die Sie nicht leichtfertig treffen sollten, so ist es auch kein Weltuntergang, am Anfang nicht alles richtig zu machen.

Wir wollen Ihnen hier zeigen, wie Sie Fehler in der Anfangsphase des ersten Jobs vermeiden oder mindestens die Auswirkungen aus diesen Fehlern reduzieren. Unser erster Rat hierfür: Es ist wichtig, von Anfang an authentisch zu sein, und auch eine gute Vorbereitung kann nicht schaden. Sind Sie gut informiert über die neue Firma, die Branche und den Job, so können Sie ohne Angst an die neue Herausforderung herantreten und sind für vieles gewappnet. Wenn Sie außerdem noch authentisch und offen sind, werden Sie sehr wahrscheinlich keine Probleme bei Ihrem Berufseinstieg haben. Außer, Sie passen nicht zu diesem Job oder in dieses Unternehmen. Aber dann ist es auch eine wertvolle Erfahrung, konsequent eine Entscheidung für einen anderen Weg zu treffen.

Dieses Essential ist ein Auszug aus dem Buch „Berufseinstieg und Probezeit aktiv gestalten" von Manfred Faber, Silke Siems, Hergen Riedel und Elke Pohl, erschienen 2014 im Verlag Springer Gabler. Für die Veröffentlichung in der Reihe Essentials wurde der Text sorgfältig durchgesehen.

Viel Erfolg für Ihre berufliche Manfred Faber und Hergen Riedel
Laufbahn wünschen Ihnen

Inhaltsverzeichnis

Einleitung

1

Das lange Lernen hat sich gelohnt, der erste Job ist da. Die meisten Berufsanfänger sind aufs Höchste motiviert für die erste konkrete Aufgabe und ganz begierig darauf, das erlernte Wissen in der Praxis umzusetzen. Dabei lassen sie manchmal außer Acht, dass sich das Arbeiten im Unternehmen nicht nur auf die Bewältigung konkreter Aufgaben beschränkt. Ein Unternehmen ist ein komplexes soziales Gefüge mit individuellen Werten (Unternehmenskultur) und Besonderheiten, die zu verstehen und zu beachten sind, wenn man längerfristig erfolgreich sein will. Hier erfahren Sie, worauf Sie in der Probezeit unbedingt achten müssen, um aus Sicht des Unternehmens zu bestehen und andererseits auch zu entscheiden, ob die Aufgabe oder/und das Unternehmen zu Ihnen passen. Denn die Probezeit ist immer von beiden Seiten zu betrachten – als Entscheidungsphase nicht nur für das Unternehmen, sondern auch für den neuen Mitarbeiter. Wenn Ihnen bereits im Verlauf der Probezeit ernsthafte Bedenken erwachsen, werden Sie auf Dauer wahrscheinlich nicht erfolgreich in diesem Unternehmen arbeiten können.

© Springer Fachmedien Wiesbaden 2014
M. Faber, H. Riedel, *Die erfolgreiche Probezeit*, essentials,
DOI 10.1007/978-3-658-07169-1_1

Der erste Tag

2

▶ **Achtung** Es gibt keine zweite Chance für den ersten Eindruck!

Der erste Eindruck zählt – diese einfache Tatsache sollten Sie sich immer vor Augen halten. Sie werden gerade am ersten Arbeitstag sehr genau beobachtet. Die Kollegen sind neugierig auf den neuen Mitarbeiter und achten einfach auf alles. Das beginnt mit der Kleidung, der Begrüßung, den ersten Gesprächen etc. Wenn Sie die Weichen jetzt nicht richtig stellen, lässt sich das später zwar noch korrigieren, aber meist nur langsam und mit viel Kraft und Geduld.

2.1 Das richtige Outfit

„Was ziehe ich an?" – diese Frage ist gerade für den ersten Tag oft nur schwer zu beantworten, denn man kennt die Gepflogenheiten des Unternehmens und besonders der eigenen Abteilung noch nicht. Und natürlich ist die passende Kleidung auch abhängig von der Branche und Ihrer Position.

Wenn Sie bezüglich des angemessenen äußeren Erscheinungsbildes eher unsicher sind, stellen Sie wenn möglich die Frage nach den entsprechenden Gepflogenheiten am besten schon während des Vorstellungsprozesses. Aber bitte nicht gleich beim ersten Gespräch, sondern erst, wenn die Entscheidung für Sie bereits gefallen ist. Beobachten Sie, wie Ihre Gesprächspartner während des Vorstellungsgesprächs gekleidet waren.

Wenn Sie sehr unsicher sind, seien Sie lieber ein wenig overdressed.

© Springer Fachmedien Wiesbaden 2014
M. Faber, H. Riedel, *Die erfolgreiche Probezeit*, essentials,
DOI 10.1007/978-3-658-07169-1_2

Damit Sie am ersten Tag weder under- noch overdressed erscheinen, hier ein paar grundsätzliche Tipps:

- Verkleiden Sie sich nicht. Wählen Sie ein gut sitzendes Ensemble, in dem Sie sich auch angesichts offizieller, repräsentativer Situationen wohlfühlen.
- Achten Sie darauf, dass Kleidung und Schuhe sauber und gepflegt sind.
- Bitte nur dezentes, kein starkes, dominantes Parfum oder Rasierwasser verwenden.
- Für Männer: Im Zweifelsfall eine dunkle Kombination oder einen Anzug in gedeckten Farben wählen. Dazu ausschließlich dunkle Socken kombinieren, niemals weiße.
- Frauen sollten auf ein dezentes Make-up und unaufdringliche Accessoires achten. Auf keinen Fall mit dekorativer Kosmetik experimentieren, die Sie noch nie zuvor verwendet haben.
- Sie sollten zwar authentisch, aber auch seriös wirken. Ihre Kleidung soll Ihre Offenheit und Kompetenz unterstreichen, nicht davon ablenken (und schon gar nicht die Aufmerksamkeit auf anatomische Vorzüge ziehen). Allzu Modisches oder Verspieltes sowie provokative Extreme (beispielsweise reines Gothic-Schwarz) sind also fehl am Platz.

Wie viel Wert manche Unternehmen auf die Einhaltung ihrer Kleiderordnung legen, lässt sich folgendem tatsächlich passiertem Fallbeispiel entnehmen: Mehrere neue Mitarbeiter begannen am selben Tag mit einer Einführungsveranstaltung. Einige erschienen in einer Anzugkombination, da ihnen die strikte Kleiderordnung „einheitlicher Anzug" nicht bewusst war. Bei der Begrüßung wurden sie beiseite genommen und gebeten, nach Hause zu fahren und sich umzuziehen. Mit einer Klärung im Vorfeld wäre diese unangenehme Erfahrung vermeidbar gewesen.

2.2   Sympathisches Auftreten

▶   **Tipp** Kommen Sie unbedingt pünktlich!

Zuerst einmal ein unverzichtbarer Hinweis, auch wenn Sie ihn vielleicht für überflüssig halten: „Seien Sie pünktlich!" Denn es geschieht unerwartet häufig, dass neue Mitarbeiter am ersten Tag zu spät kommen – aus den verschiedensten Gründen: Die Anfahrtszeit wurde falsch kalkuliert, es traten unerwartet Hindernisse ein – Verspätungen/Ausfälle im öffentlichen Verkehr, Stau durch Unfall auf der Autobahn oder Bundesstraße oder sogar unterschiedliche Erinnerungen an die vereinbarte Anfangszeit usw. Damit tun Sie sich natürlich selbst keinen Gefallen und geben gleich zu Anfang ein eher zweifelhaftes Bild ab, das für eine etwas verhaltenere Stimmung Ihnen gegenüber sorgen kann. Kommen Sie lieber deutlich früher – Sie können in der Umgebung ja noch einen Spaziergang machen oder vielleicht einen Kaffee trinken. Wenn Sie Zweifel an der vereinbarten Uhrzeit haben, fragen Sie lieber noch einmal nach.

▶   **Tipp** Bleiben Sie gelassen.

Auch bei optimaler Kleidung und pünktlichem Eintreffen werden Sie mit einer gewissen Nervosität zu kämpfen haben. Rechnen Sie damit und stellen Sie sich darauf ein. Unsicherheit und Nervosität sind in so einer neuen Situation völlig normal. Wichtig ist, dass Sie gelassen auf die eigene Nervosität reagieren und möglichst souverän, freundlich und gefestigt auftreten. Stellen Sie sich vor, dass Sie eine Bühne betreten, auf der Sie Ihr Bestes geben. Treten Sie Ihren neuen Kollegen offen und freundlich gegenüber. Behalten Sie im Gespräch Augenkontakt und hören Sie aufmerksam zu. Machen Sie den Small Talk mit. Dadurch entspannt sich die Situation und Sie werden lockerer, außerdem lernen Sie die Menschen schneller kennen. Vielleicht entdecken Sie sogar Gemeinsamkeiten – etwa ein Studium an der gleichen Universität, gleiche Studienschwerpunkte oder Ähnliches – das schafft eine gute Ausgangsbasis für den kollegialen Kontakt.

▶   **Tipp** Begegnen Sie ALLEN ohne Ausnahme offen und freundlich

Bitte übergehen Sie bei der Begrüßung weder die Empfangsdame noch die Sekretärin, auch wenn Sie sehr selbstbewusst in vermeintlich höherer Position einsteigen. Denn damit verscherzen Sie sich unnötig wichtige Sympathien. Seien Sie sich ganz klar bewusst, dass jeder Mensch eine wichtige Funktion im Unternehmen hat und Achtung, Wertschätzung und Respekt verdient. Unterschätzen Sie außerdem nicht die inoffiziellen Kommunikationskanäle, die sich unabhängig von den offiziellen Funktionen und Hierarchieebenen in jedem Unternehmen etablieren und die das unternehmensinterne soziale Gefüge enorm prägen. Bedenken Sie auch, dass hierarchisch untergeordnete Mitarbeiter oft Schlüsselfunktionen innehaben, die für Ihre Tätigkeit sehr wichtig sein können – angefangen von Gefälligkeiten bei der Büroausstattung über die Terminvergabe auf Entscheider-Ebene bis hin zum Postversand eines dringenden Schreibens noch nach dem letzten Postausgang.

2.3   Die Einführungsveranstaltung

In größeren Unternehmen wird oft eine spezielle Einführungsveranstaltung für die neuen Mitarbeiter organisiert, meist durch die Personalabteilung. Oft finden diese Veranstaltungen gleich am ersten Tag statt. Sie bieten in zusammengefasster Form viele Informationen, die Sie für Ihren Arbeitsalltag im Unternehmen brauchen und die Ihnen den Einstieg und die tägliche Arbeit erleichtern sollen.

Sollte Ihr Unternehmen keine Einführungsveranstaltung anbieten, nutzen Sie die folgende Checkliste, um sich die wichtigsten Informationen rund um Ihren Arbeitsplatz selbst zu beschaffen. Fragen Sie die neuen Kollegen, lesen Sie firmeninterne Publikationen, informieren Sie sich am Schwarzen Brett oder im firmeneigenen Intranet.

Checkliste
Diese Informationen benötigen Sie für Ihren Arbeitsalltag:
- Interne Organisation des Unternehmens
- Strategische Ausrichtung
- Unternehmens- und Führungsgrundsätze
- Bilanz und Geschäftsbericht
- Arbeit und Aufgaben der einzelnen Bereiche
- Struktur betrieblicher Netzwerke (formelle und informelle) EDV-Infrastruktur
- Arbeitszeitmodell und Urlaubsregelung
- Betriebliche Arbeitsordnung
- Betriebliche Sozialleistungen und Altersversorgung
- Betriebliches Vorschlagswesen Betriebsärztlicher Dienst Arbeitssicherheit
- Datenschutz
- Verhalten bei Unfall und Krankheit
- Betriebliche Fortbildungsmöglichkeiten
- Betriebsrat, Betriebsarzt, Sicherheits- und Datenschutzbeauftragte
- Sonstige betriebliche Einrichtungen (Kantine, Sportmöglichkeiten etc.)

Viele Unternehmen haben sogenannte Mitarbeiterhandbücher, in denen diese Informationen zusammengestellt sind. Sie erhalten diese meist bei Arbeitsbeginn. Allerdings sind diese Unterlagen oft nicht wirklich aktuell. Deshalb nutzen die Unternehmen Medien wie CD-ROM bzw. das Intranet. Im Intranet kann der neue

Mitarbeiter Informationen und Einführungsthemen selbst recherchieren, oft sind sie bereits dialogfähig aufgebaut.

Sie finden in diesen Medien in der Regel aktuelle Projekte, Jahresabschlüsse und Presseveröffentlichungen, für die Arbeit notwendige Formulare, Organigramme, die Seite des Betriebsrats, Angebote interner und externer Trainings bis hin zum Speiseplan der Kantine. Surfen Sie einfach mal durch und/oder lassen sich von einem Kollegen einführen.

▶   Sie werden an Ihrem ersten Tag viele Informationen und Eindrücke erhalten, entweder in organisierten Einführungsveranstaltungen oder durch die Kontakte mit neuen Kollegen. Abends raucht Ihnen wahrscheinlich der Kopf und Sie können sich an vieles gar nicht mehr erinnern. Das ist völlig normal. Schließlich ist ein Unternehmen ein großer, vielschichtiger Komplex. Es braucht etwas Zeit, mit der neuen Umgebung vertraut zu werden.

Der erste Monat

3

Der erste Tag ist hoffentlich gut verlaufen, sodass Sie zuversichtlich in die nächsten Wochen starten. Nun werden die Grundlagen für Ihre Aufgaben gelegt und Beziehungen geschlossen, die sehr wichtig für Ihren späteren Erfolg im Unternehmen sind.

3.1 Einarbeitungspläne

Viele Unternehmen haben recht detaillierte individuelle Einarbeitungspläne. Diese geben Ihnen einen zeitlichen, räumlichen und inhaltlichen Rahmen für die Einarbeitungsphase. Dort wird aufgeführt, welche Abteilung oder welche Person Sie wann mit welcher Methode in Ihre Aufgabe bzw. in Ihren Teilbereich des Unternehmens einführt und an welchen externen und internen Fortbildungsmaßnahmen Sie teilnehmen werden. Ein gut ausgearbeiteter Einarbeitungsplan ist sehr hilfreich, um schnell das Unternehmen und die eigene Aufgabe kennenzulernen und produktiv zu werden. Gehen Sie diese Pläne möglichst genau mit Ihrem Vorgesetzten durch und lassen Sie sich die einzelnen Punkte erklären. Es ist wichtig, dass Sie den gesamten Inhalt und die Zusammenhänge gut verstehen. Dann haben Sie eine gute Orientierung und wissen, was Sie erwartet.

► **Tipp** Oft kollidieren betriebliche Erfordernisse zeitlich mit den Einarbeitungsplänen. Achten Sie aktiv darauf, dass der Plan wieder aufgenommen wird, sobald der Engpass vorüber ist.

© Springer Fachmedien Wiesbaden 2014
M. Faber, H. Riedel, *Die erfolgreiche Probezeit,* essentials,
DOI 10.1007/978-3-658-07169-1_3

3.2   Patensysteme

Häufig werden bei der Einführung neuer Mitarbeiter Patenschaften eingesetzt. Hierbei bekommen Sie einen erfahrenen Mitarbeiter zur Seite gestellt, der Ihnen für alle fachlichen und allgemeinen Fragen als Ansprechpartner zur Verfügung steht. Gute Paten erfüllen diese Rolle proaktiv, indem sie im Vorfeld darüber nachdenken, was sie Ihnen über das Unternehmen und Ihre Aufgabe mitteilen. Paten ergänzen die Arbeit des Vorgesetzten und sind in der Regel auf gleicher betrieblicher Ebene wie der neue Mitarbeiter angesiedelt. Wichtig ist, dass auch Sie mit dem Paten aktiv Umgang pflegen und ein ehrliches Vertrauensverhältnis aufbauen, denn dann können Sie auch tiefergehende Fragen stellen und mit einer aufrichtigen Antwort rechnen.

Verhalten in Patensystemen
- Erläutern Sie beim ersten Gespräch Ihren Werdegang und Ihre Erfahrungen. So lernt der Pate Sie besser kennen und kann gezielter agieren.
- Bereiten Sie sich gut auf jedes Treffen vor.
- Notieren Sie sich zwischen den Treffen, was Ihnen aufgefallen ist und welche Fragen Sie Ihrem Paten stellen möchten.
- Verstehen Sie Kritik vom Paten nicht als persönlichen Angriff, sondern nehmen Sie diese als gut gemeinte und konstruktive Hilfestellung an.
- Fragen Sie den Paten nach seinem Werdegang im Unternehmen. Fragen Sie viel und lernen Sie aus seinen Erfahrungen.
- Versuchen Sie, ein gutes Vertrauensverhältnis zu Ihrem Paten aufzubauen. Lassen Sie sich die informellen Kommunikationswege erklären.

▶ **Tipp** Was tun, wenn es mit dem Paten nicht funktioniert? Gehen Sie proaktiv auf den Paten zu und sprechen die Themen offen an. Bitte nur in Ausnahmefällen eskalieren.

3.3   Umgang mit Kollegen

Die ersten Kontakte sind erfolgt, jetzt geht es weiter in die Tiefen und Untiefen menschlich-kollegialer Beziehungen. In dieser Phase kommt es am häufigsten zu Fehlern. Wer hier naiv und unbedacht agiert, gewinnt keine Freunde, sondern schafft sich im schlimmsten Fall Feinde. Doch durch richtiges Verhalten können Sie menschliche Beziehungen festigen und schnell Teil des Teams werden. Dieses Zugehörigkeitsgefühl ist sehr wichtig für das eigene Wohlbefinden am Arbeitsplatz und damit auch für die langfristig erfolgreiche Arbeit. Im Folgenden finden Sie einige grundsätzliche Hinweise, die nicht nur für die ersten Wochen gelten.

Hinweise zum Umgang mit Kollegen

- Seien Sie nicht überheblich, auch wenn Sie ein Prädikatsexamen in der Tasche haben. Weisen Sie zu diesem Zeitpunkt keinesfalls auf Fehler Ihrer Kollegen oder Verbesserungsmöglichkeiten hin, auch wenn Ihnen diese offenkundig scheinen. Sie sind neu und wissen noch nicht, warum so agiert wird und was die historischen Hintergründe sind.
- Überlegen Sie sich genau und entscheiden Sie bewusst, was Sie von Ihrem Privatleben erzählen. Bitte geben Sie nicht voreilig Ihren Twitter- oder Facebook-Namen bekannt. Halten Sie sich vom Bürotratsch fern. Lassen Sie sich auf keinen Fall dazu verleiten, negativ über Dritte zu sprechen.
- Natürlich sollen Sie engagiert arbeiten. Dennoch sollten Sie von vornherein einen guten Mittelweg zwischen zu viel und zu wenig Arbeit einschlagen. Auch sollten Sie weder zu ruhig noch zu extrovertiert wirken.
- Machen Sie sich möglichst gleich am Anfang klar, was der Inhalt Ihrer Position ist und was von Ihnen erwartet wird. Überlegen Sie sich sehr genau, wann Sie sich unterordnen und wann Sie sich durchsetzen müssen. Lassen Sie sich nicht aus lauter Dankbarkeit für eine Hilfestellung zum „Kopierer vom Dienst" degradieren. Aber seien Sie sich bewusst, dass Sie auch nicht andere dazu machen dürfen.
- Achten Sie auf die betriebsinternen Gepflogenheiten beim Duzen.
- Seien Sie aufmerksam und fragen Sie Ihre Kollegen interessiert nach ihren Tätigkeiten.
- Achten Sie darauf, wie im Unternehmen mit Social Media umgegangen wird, und verzichten Sie gegebenenfalls auf die Nutzung während der Arbeitszeit.

3.4   Die ersten Gespräche mit dem Vorgesetzten

Die ersten Gespräche mit Ihrem direkten Vorgesetzten sind richtungsweisend für Ihre Entwicklung. Aber oft ist der Vorgesetzte aus Zeitmangel nicht gerade optimal vorbereitet. Wenn Ihre Stelle neu eingerichtet wurde, gibt es vielleicht auch deswegen einige Unklarheiten. Deshalb sollten Sie umso besser vorbereitet sein, denn nur so werden Sie die notwendigen Informationen erhalten, um Ihre Aufgabe erfolgreich zu erfüllen.

Inhalte der Gespräche mit dem Vorgesetzen

- Sofern eine Stellenbeschreibung existiert, gehen Sie diese gemeinsam mit dem Vorgesetzten durch.
- Lassen Sie sich die Arbeitsabläufe und die Arbeitsunterlagen erklären.
- Gehen Sie auf die Arbeitsaufgaben, Ihre Befugnisse und Verantwortungen ein. Fragen Sie Ihren Vorgesetzten, was Sie tun müssen, um erfolgreich zu sein. Fragen Sie ihn, was auf gar keinen Fall passieren darf.
- Lassen Sie sich erklären, wen Sie in welcher Reihenfolge ansprechen sollten, um bestimmte Ergebnisse zu erzielen.
- Treten Sie bei diesen Gesprächen nicht zu fordernd, aber auch nicht zu devot auf. Seien Sie zu diesem Zeitpunkt noch vorsichtig mit Äußerungen zu Sachverhalten, die Ihnen nicht gefallen. Beobachten Sie diese lieber noch ein wenig.
- Beschweren Sie sich möglichst nicht über andere Kollegen, das fällt unter Umständen schnell negativ auf Sie selbst zurück.

Fazit

Der erste Monat dient vor allem Ihrer Orientierung und Einarbeitung. Sie lernen die Menschen in Ihrer Umgebung besser kennen. Arbeiten Sie jetzt schon am Aufbau Ihrer Beziehungen. Gerade in dieser Zeit ist es wichtig, aufmerksam zu agieren und Instrumente, die Ihnen helfen können, effektiv zu nutzen.

Die ersten 100 Tage

4

Die ersten 100 Tage sind in der Regel eine gewisse Schonfrist. Das heißt allerdings nicht, dass Arbeitsergebnisse jetzt noch nicht wichtig wären. Man hält Ihnen lediglich zugute, dass Sie eine gewisse Zeit brauchen, um richtig produktiv zu werden. Trotzdem sollten Sie in dieser Zeit professionell agieren und gute Ergebnisse vorweisen können. Das Unternehmen muss schließlich erkennen können, dass Sie der richtige Mitarbeiter auf dem richtigen Platz sind.

4.1 Zielvereinbarungen

Viele Unternehmen nutzen mehr oder weniger standardisierte Zielvereinbarungssysteme als Führungsinstrument, die Ihnen einerseits eine Richtlinie für Ihre Arbeit geben und andererseits dem Unternehmen ermöglichen sollen, alle Mitarbeiter konform zur Gesamtunternehmensstrategie einzusetzen. Die Ergebnisse dieser Zielvereinbarungen sind für Ihren Vorgesetzten ein Indikator für Ihren Erfolg. Oft bilden Zielvereinbarungen auch die Grundlage für einen variablen Teil Ihres Gehalts und dienen so als Motivationsinstrument.

Obwohl eine „Vereinbarung" eigentlich eine zweiseitige Angelegenheit ist, sind Ihre Gestaltungsmöglichkeiten hier eher begrenzt. Viele Elemente und Ziele sind vorgegeben und werden von einem Gesamt-Unternehmensziel als Teilziele für die einzelnen Bereiche und dann weiter für die einzelnen Mitarbeiter heruntergebrochen. Das ist auch nachvollziehbar, da nur so eine einheitliche, zielgerichtete Unternehmensführung möglich ist.

© Springer Fachmedien Wiesbaden 2014
M. Faber, H. Riedel, *Die erfolgreiche Probezeit,* essentials,
DOI 10.1007/978-3-658-07169-1_4

Einen Schwerpunkt dieser Zielvereinbarungen aber bilden die persönlichen Ziele, die Sie selbst beeinflussen können. Dabei wird zwischen quantitativen und qualitativen Zielen unterschieden. Das quantitative Ziel eines Personalreferenten kann zum Beispiel die Einstellung von fünf Technikern gemäß vordefinierter Stellenbeschreibung innerhalb von drei Monaten sein. Ein qualitatives Ziel für einen Vertriebsmitarbeiter wäre beispielsweise die Erhöhung der Kundenzufriedenheit innerhalb des nächsten Quartals. Die Messbarkeit der qualitativen Ziele ist in der Praxis allerdings problematisch, da man auf Rückschlüsse aus Hilfsgrößen angewiesen ist, im Beispiel wäre das der Rückgang der Kundenbeschwerden von fünf auf drei innerhalb des Quartals.

Neben den persönlichen Zielen enthalten die Zielvereinbarungen häufig Unternehmensziele und/oder Bereichsziele. Diese können Sie nur in dem Maße beeinflussen, wie das Ihre Funktion zulässt. Durch diese Ziele möchte man die Identifikation mit dem Unternehmen und/oder Bereich stärken. Beispiele hierfür sind die Erhöhung des Gewinns vor Steuern im nächsten Jahr um fünf Prozent oder die Erhöhung des Deckungsbeitrags der Abteilung X im nächsten Jahr um zehn Prozent.

Oft sind diese Systeme schwer zu verstehen. Gerade für Berufsanfänger sind viele Elemente neu. Deshalb prüfen Sie Ihre Zielvereinbarung und die einzelnen Ziele mit Hilfe der SMART-Anforderungen:

SMART-Prüfung von Zielvereinbarungen
- Spezifisch (das Ziel muss eindeutig sein),
- Messbar (eine Bewertung muss möglich sein, bei qualitativen Zielen werden Hilfsgrößen verwendet),
- Akzeptiert (das Unternehmen und Sie müssen das Ziel befürworten),
- Realistisch (das Ziel muss tatsächlich erreichbar sein),
- Terminiert (es muss eine Frist oder ein Datum für das Erreichen des Ziels geben).

Wenn Sie bezüglich der Zielvereinbarungen etwas nicht verstehen, sprechen Sie mit Ihrem Vorgesetzten und lassen Sie sich unklare Elemente erklären. Es ist wichtig, dass Sie alles in dieser Vereinbarung nachvollziehen können und dass Sie auch dahinter stehen und der Meinung sind, dass diese Ziele machbar sind. Nur dann kann Ihnen diese Vereinbarung helfen, die notwendigen Aktivitäten einzuleiten und erfolgreich zu werden.

4.2 Meetings

In jedem Unternehmen gibt es eine spezielle Meeting-Kultur. Achten Sie auf die Besonderheiten, denn gerade am Anfang kann man sich hier schnell unbeliebt machen. Seien Sie vor allem pünktlich, auch wenn Sie merken, dass manche Kollegen es nicht so genau mit der Pünktlichkeit nehmen. Es wird immer mindestens einen geben, der sich über Unpünktlichkeit ärgert.

▶ **TIPP** Noch einmal: Seien Sie ausnahmslos pünktlich!

Im Vorfeld wird in der Regel eine Agenda versendet. Lesen Sie sich diese genau durch und fragen Sie Kollegen, wenn Sie etwas nicht verstehen. Lassen Sie sich auch die Historie zu den einzelnen Punkten erklären. Dadurch kommen Sie während des Meetings schneller in die Thematik hinein. Überlegen Sie sich jetzt schon, was Ihr Beitrag sein könnte, und formulieren Sie Ihre Gedanken schriftlich.

Wenn das Meeting beginnt, achten Sie auf die Sitzordnung. Oft haben sich im Unternehmen bestimmte Regularien entwickelt. Es kommt nicht gut an, wenn Sie gleich beim ersten Meeting dem Geschäftsführer seinen angestammten Platz wegnehmen. Überlegen Sie während des Meetings immer wieder, an welcher Stelle Sie einen interessanten Beitrag liefern könnten. Dies kommt einer Gratwanderung gleich: Sie sollten weder zu ruhig wirken noch sollten Sie unqualifizierte Beiträge „leisten". Auch wenn sich ein Meeting hinzieht und Sie denken, dass die Ausführungen nicht relevant sind, lassen Sie sich weder Ungeduld noch Desinteresse anmerken. Hören Sie aufmerksam zu und bestätigen Sie dies in entsprechender verbaler und nonverbaler Weise. Machen Sie sich Notizen, auch von Ihren Gedanken zum Gehörten. Wenn Sie bestimmte unternehmensspezifische Ausdrücke oder Sachverhalte nicht verstehen, fragen Sie nach. Jeder wird Verständnis dafür haben, da Sie ein neuer Mitarbeiter sind.

Auch eine konstruktive Nachbearbeitung des Meetings ist notwendig. Ganz wichtig ist die Vervollständigung Ihrer Notizen, und zwar direkt nach dem Meeting, nicht erst in den nächsten Tagen, denn dann sind relevante Informationen aus dem Gedächtnis verschwunden. Führen Sie sich vor Augen, welche Aufgaben man Ihnen während des Meetings übertragen hat, und tragen Sie diese mit einem Zeitplan in Ihre persönliche Aufgabenliste ein. Wenn es ein offizielles Protokoll gibt, vergleichen Sie dieses mit Ihren Aufzeichnungen und klären Sie Unstimmigkeiten.

▶ **Achtung** Meetings kosten viel Zeit. Überlegen Sie immer wieder, welche Meetings für Sie wirklich wichtig und notwendig sind. Oft reicht es aus, das Protokoll zu lesen oder sich in anderer Weise zu informieren.

4.3   Kommunikation mit dem Vorgesetzten

Auf die Relevanz der Kommunikation mit Ihrem Vorgesetzten wurde bereits hingewiesen. Sie zählt zu den zentralen Erfolgsfaktoren Ihrer Karriere. Die größte Herausforderung für Sie ist aber die Nicht-Kommunikation Ihres Chefs. Viele Vorgesetzte stehen unter einem solchen Druck, dass sie der Meinung sind, für ausführliche, zielgerichtete Gespräche einfach keine Zeit zu haben. Überspitzt formuliert: „Wenn ich nichts sage, bedeutet das ein Lob!" Deswegen einige Tipps, wie Sie die für Sie wichtigen Informationen aktiv, aber behutsam einfordern können.

Tipps für die Kommunikation mit Ihrem Vorgesetzten
- Gehen Sie aktiv auf Ihren Vorgesetzten zu und vereinbaren Sie feste Termine, am besten einen regelmäßig wiederkehrenden „Jour fixe".
- Wenn es schwer ist, einen Termin zu bekommen, versuchen Sie ihn oder die Assistentin Ihres Vorgesetzten von der Dringlichkeit zu überzeugen. Warten Sie nicht bis zum Ende der Probezeit auf ein Feedback.
- Stellen Sie konkrete Fragen: Bin ich noch auf dem Weg, den das Unternehmen/der Vorgesetzte sich vorgestellt hat?
- Welches Bild hat mein Vorgesetzter von mir gewonnen? Was kann ich noch besser machen? Was läuft nicht so gut?
- Seien Sie bereit, eigene Kurskorrekturen vorzunehmen, wenn Sie entsprechende Hinweise erhalten.
- Nehmen Sie Kritik nicht als Angriff, sondern als Anlass, Dinge zu verbessern.
- Wenn Sie Dinge geändert haben, lassen Sie sich Feedback geben und fragen Sie nach, ob sich Ihr Vorgesetzter dies auch so vorgestellt hat.
- Teilen Sie dem Vorgesetzten auch Ihre Eindrücke mit.
- Äußern Sie negative Kritik an anderen Mitarbeitern nur sehr behutsam.
- Gehen Sie bei Verbesserungsvorschlägen diplomatisch vor und begründen Sie diese mit gesicherten Fakten.

4.4   Berufliche Netzwerke

Arbeiten in Netzwerken ist eine Idee, die in ihrer ursprünglichen, ausgeprägten Form aus den USA kommt und unter dem Begriff „Networking" sehr populär ist. Dabei handelt es sich eigentlich nicht um etwas Neues, sondern um die bewusste

Beschäftigung mit diesem Thema, über das es mittlerweile eine Vielzahl von Aufsätzen und Büchern gibt.

Netzwerke finden sich in jedem Lebensbereich. Auch in Unternehmen gibt es eine Reihe von Netzwerken, die man in formelle und informelle Netzwerke gliedern kann.

Formelle Netzwerke sind offen sichtbar, man kann sich leicht und schnell darüber informieren (Intranet, Broschüren etc). Oft haben diese Netzwerke einen gemeinsamen fachlichen Hintergrund. Ziel solcher Netzwerke ist die gemeinsame Optimierung der Prozesse und Aufgaben. Gerade im Rahmen von „Diversity" entstehen immer mehr formelle Netzwerke oder wandeln sich von informellen zu formellen Netzwerken. Dahinter steht der Gedanke, die individuellen, persönlichen Gemeinsamkeiten von Menschen zu respektieren, ihnen Raum zu geben und dadurch die Mitarbeiter zu motivieren. Daher fördern Unternehmen diese Netzwerke.

Informelle Netzwerke sind zunächst nicht sichtbar. Sie bestehen aus Mitarbeitern, die sich gut verstehen, Gemeinsamkeiten haben und sich deshalb zusammenschließen, um gemeinsam erfolgreicher zu sein. Über diese informellen Kommunikationsstrukturen lassen sich Ziele außerhalb des Dienstwegs erreichen. Neuen Mitarbeitern bleiben diese Netzwerke lange (oder vielleicht sogar immer) verborgen. Deshalb achten Sie ganz genau darauf, wer sich mit wem besonders gut versteht.

Engagieren Sie sich in den vorhandenen Netzwerken und nutzen Sie diese. Schauen Sie, welche formellen Netzwerke im Unternehmen vorhanden sind, und bringen Sie sich ein. Bauen Sie Ihr eigenes informelles Netzwerk im Unternehmen auf und pflegen Sie es. Wenn Sie sich bisher noch nicht mit Netzwerken bzw. der sinnvollen Gestaltung von Netzwerken beschäftigt haben, holen Sie es nach. Es gibt eine Vielzahl von guten Büchern und Informationen im Internet, die Sie hierbei unterstützen können.

Fazit

Ihre berufliche Aufgabe tritt nun immer stärker in den Vordergrund, die Arbeitsergebnisse werden zunehmend wichtiger. Diese Ergebnisse können Sie aber nicht völlig allein erbringen: Sie brauchen dafür auch die Menschen in Ihrem Umfeld. Hierbei ist vor allem wichtig, dass Sie eine zielgerichtete Kommunikation mit Ihrem Vorgesetzten etablieren. Ebenso wichtig ist die Vereinbarung Ihrer Ziele, vor allem, dass Sie diese genau verstehen, um zielgerichtet handeln zu können. Neben den formellen Kommunikationswegen sind die informellen zu beachten. Diese können Sie am besten nutzen, wenn Sie sich in Netzwerken engagieren.

Das Ende der Probezeit

Der große Tag rückt näher. Spätestens jetzt wird es Zeit sowohl für das Unternehmen als auch für den Mitarbeiter zu beurteilen, ob die Zusammenarbeit wirklich gut verläuft. Ein wichtiger Stichtag für das Unternehmen, da es nach der Probezeit in der Regel aus arbeitsrechtlichen Gründen schwieriger wird, sich von einem Mitarbeiter zu trennen. Aber auch Sie sollten Ihre Erfahrungen in der Probezeit genau bewerten und entscheiden, ob das Unternehmen zu Ihnen passt. Denn nur in einem stimmigen Umfeld werden Sie langfristig erfolgreich arbeiten können und zufrieden sein.

5.1 Abschlussbeurteilung

Die Probezeit wird in der Regel mit einer schriftlichen Abschlussbeurteilung und einem Gespräch beendet. Wenn bereits Zielvereinbarungen getroffen wurden, dienen sie als Grundlage für die Beurteilung. Gibt es keine Zielvereinbarungen, wird der Vorgesetzte nach seiner persönlichen Einschätzung und professionellen Erfahrung entscheiden. Entscheidungsrelevant sind neben konkreten Zielvereinbarungen auch die „weichen" Faktoren. Es ist beispielsweise wichtig, dass der neue Mitarbeiter ins Team passt. So kann es vorkommen, dass eine Weiterbeschäftigung nicht befürwortet wird, obwohl die Zielvorgaben erreicht wurden, da der Mitarbeiter sich nicht ins Team integrieren konnte.

Wenn die Beurteilung der „weichen" Faktoren nicht in Ihrem Sinne ausfällt, fragen Sie nach, was Sie hätten besser machen können. Gegebenenfalls können Sie die Antwort nachvollziehen und daraus lernen. Wenn nicht, kann es sein, dass

© Springer Fachmedien Wiesbaden 2014
M. Faber, H. Riedel, *Die erfolgreiche Probezeit,* essentials,
DOI 10.1007/978-3-658-07169-1_5

einfach die sogenannte Chemie nicht stimmt, allerdings lässt sich das nur schwer sachlich oder logisch ausdrücken. Nehmen Sie eine solche Kritik nicht als Angriff, sondern denken Sie darüber nach, was Sie daraus lernen.

5.2   Herzlichen Glückwunsch

Die Probezeit ist erfolgreich bestanden, Sie haben das Unternehmen überzeugt, und das Unternehmen überzeugte auch Sie. Trotzdem sollten Sie diesen Stichtag nutzen, um die letzten Monate noch einmal Revue passieren zu lassen. Was hätten Sie besser machen können? Was haben Sie für die Zukunft gelernt? Obwohl die Probezeit vorüber ist, werden Sie natürlich weiterhin beobachtet und beurteilt. Durch den Trend zur „Verschlankung" der Unternehmen wird die Effizienz jedes einzelnen Mitarbeiters immer wichtiger. Sie dürfen sich jetzt also keinesfalls zufrieden zurücklehnen und meinen, das Rennen sei gelaufen. Stattdessen sollten Sie den Anlass als Motivationsschub nutzen, um neu durchzustarten und weiterhin das Beste zu geben. Beweisen Sie dem Unternehmen und Ihrem Vorgesetzten, dass Sie auch auf Dauer der richtige Mitarbeiter an der richtigen Stelle sind.

▶   **Exkurs** Es kommt immer häufiger vor, dass Unternehmen ihre Mitarbeiter auffordern, sich auf ihre momentane Stelle erneut „zu bewerben". Der Stelleninhaber soll genau begründen, warum gerade er der/ die richtige Mann/Frau am richtigen Platz ist. Solch eine Bewerbung kann auch in einer Kündigung münden.

5.3   Wenn es doch nicht das Richtige war

Wenn die Probezeit nicht bestanden wurde, ist dies meist eine sehr schmerzliche Erfahrung, die Versagensgefühle sowie Existenz- und Zukunftsangst auslösen kann. Dies ist selbst dann noch der Fall, wenn man für sich bereits die Erkenntnis gewonnen hatte, dass man nicht zu der Aufgabe und/oder in das Unternehmen passt.

Wenn Sie in diese Situation geraten, sehen Sie das Positive daran: Jemand hat Ihnen die notwendige Entscheidung abgenommen. Nur aus – wenn leider auch nicht völlig unbegründeten – Ängsten heraus an einem Job festzuhalten, macht Sie nicht glücklich und behindert Sie in Ihrer weiteren Entwicklung. Lernen Sie aktiv aus der Erfahrung und nutzen Sie das Erlernte bei einer neuen Chance. Sollten Sie aber der Ansicht sein, dass Sie genau den richtigen Job im richtigen Unternehmen verloren haben, denken Sie darüber nach, warum Sie die anderen nicht von sich überzeugen konnten. Verlieren Sie dabei nicht den Mut, sondern beginnen Sie mit Hilfe des Gelernten neu. Und denken Sie daran: Rückschläge gehören zum Leben. Fürchten Sie sich nicht: Wenn Sie auch aus Ihren Niederlagen lernen, werden Sie künftig noch erfolgreich sein.

► **Tipp** „Erfolg ist, von Niederlage zu Niederlage zu gehen und dabei den Enthusiasmus nicht zu verlieren." Winston Churchill

Es gibt jedoch auch den Fall, dass das Unternehmen Sie gerne behalten würde, Sie selbst aber im Zweifel sind. Sie haben nun verschiedene Möglichkeiten, je nachdem, wie viel dem Unternehmen an Ihnen liegt. Wenn Sie den Einfluss haben, die Stelle an Ihre Erwartungen anpassen zu können, tun Sie es. Wenn die Differenzen aber so groß sind, dass eigentlich nur eine Trennung folgen kann, wird es möglicherweise schwierig. Selbstbewusste und konsequente Menschen gehen sofort und nehmen die damit verbundene Ungewissheit in Kauf. Wenn Sie häufiger derartige Schritte gehen, ist allerdings Vorsicht geboten. Wenn Ihr Lebenslauf mehrfach solche Entscheidungen aufweist, wird man Ihnen das voraussichtlich negativ auslegen. Wenn Sie sich zum Fortgehen entschieden haben, teilen Sie dies dem Unternehmen fair und behutsam mit. Bemühen Sie sich um eine einvernehmliche, für beide Seiten faire Trennung. Erstens beschädigen Sie sonst Ihren Ruf, und zweitens müssen Sie immer damit rechnen, Ihrem Gegenüber in ein paar Jahren unter veränderten Umständen erneut zu begegnen. (Man sieht sich mindestens zweimal.) Wenn Sie weniger selbstbewusst sind und mit Existenzängsten kämpfen, erfüllen Sie Ihre Aufgabe weiterhin professionell und bemühen Sie sich gleichzeitig um Alternativen.

Fazit

Meist wird die Probezeit erfolgreich bestanden. Nutzen Sie den Erfolg als Motivationsschub und überzeugen Sie weiterhin. Sollten Sie es nicht geschafft haben, lernen Sie aus den Erfahrungen und wenden Sie das Erlernte bei der nächsten Chance an. Wenn Sie aber selbst der Meinung sind, dass das Unternehmen und/oder die Aufgabe nicht zu Ihnen passen, überlegen Sie, was Sie verändern können. Ziehen Sie notfalls die unvermeidlichen Konsequenzen. Aber treffen Sie diese Entscheidung weder zu spontan noch zu allzu emotional. Bedenken Sie die Wirkung auf Ihren Lebenslauf und schützen Sie Ihren Ruf.

Kleiner Exkurs zum Arbeitsrecht 6

Für die Probezeit gelten einige rechtliche Besonderheiten. Sie betreffen vor allem die Kündigung, da den Vertragspartnern eine mögliche Trennung leicht gemacht werden soll. Im Folgenden finden Sie einen kurzen Überblick. Im konkreten Einzelfall sollten Sie jedoch einen Rechtsexperten hinzuziehen.

6.1 Dauer der Probezeit und Kündigungsschutz

Oft ist die Dauer der Probezeit in den Tarifverträgen geregelt. Wenn nicht, beträgt sie in der Regel sechs Monate. Wenn sie jedoch sechs Monate übersteigt, ist eine Kündigung nach dem sechsten Monat nur noch nach Maßgabe der Kündigungsschutzvorschriften möglich, da das Kündigungsschutzgesetz für alle Mitarbeiter in Betrieben mit regelmäßig über zehn Arbeitnehmern ab dem siebten Monat gilt. Innerhalb der ersten sechs Monate können beide Vertragspartner ohne Angaben von Gründen kündigen. Die Kündigungsfrist ist in der Regel im Arbeitsvertrag festgelegt. Falls nicht, gilt die gesetzliche Kündigungsfrist von zwei Wochen. Ist die Probezeit per Zeitvertrag beschlossen worden (beispielsweise vom 1. März bis 31. Juli auf Probe), ist keine ordentliche Kündigung möglich, sofern nichts anderes ausdrücklich vereinbart ist. Das Arbeitsverhältnis endet dann automatisch am 31. Juli. Im Anschluss vereinbaren die Vertragspartner in der Regel einen unbefristeten Arbeitsvertrag. Eine Verlängerung der Probezeit kann nur aus sachlichem Grund (Unsicherheit über Eignung des Mitarbeiters) erfolgen.

© Springer Fachmedien Wiesbaden 2014
M. Faber, H. Riedel, *Die erfolgreiche Probezeit*, essentials,
DOI 10.1007/978-3-658-07169-1_6

6.2 Krankheit

Die Lohnfortzahlung im Krankheitsfall gilt auch während der Probezeit, jedoch erst ab der fünften Beschäftigungswoche. Eine Kündigung wegen Krankheit ist innerhalb der Probezeit von sechs Monaten zulässig und kann nicht auf Grundlage des Kündigungsschutzgesetzes angefochten werden.

6.3 Urlaub

Urlaubsanspruch besteht auch während der Probezeit. Der Arbeitgeber kann den Zeitpunkt bestimmen, muss aber die Wünsche des Arbeitnehmers berücksichtigen. Die Probezeit verlängert sich nicht um die gewährten Urlaubstage.

► **Tipp** Wenn Sie in der Probezeit erkranken, teilen Sie dies Ihrem Vorgesetzten und der Personalabteilung unverzüglich mit. Wenn möglich, erklären Sie die Gründe. Nennen Sie auch das Datum, an dem Sie voraussichtlich wieder einsatzfähig sind.

Probezeit und Zielvereinbarung bei Scout24 Holding GmbH

Interview mit Andrea Hollenburger, Senior Vice President Human Resources, Scout24 Holding GmbH. (Abb. 7.1)

Scout24, drei Marktplätze, 18 Länder Als Internetpionier der ersten Stunde und eine der führenden Gruppe von Online-Marktplätzen in Europa steht Scout24 seit über zehn Jahren für nachhaltigen, wirtschaftlichen Erfolg. Die drei Marktplätze der Scout24-Gruppe: lmmobilienScout24, AutoScout24, FinanceScout24 sind in 18 Ländern präsent.

Durch die Nutzung neuer Werbeformen sowie durch die Monetarisierung voninnovativen Mehrwertdiensten stellt Scout24 langfristig profitables Wachstum sicher und ist Vorreiter für erfolgreiche lnternet-Geschäftsmodelle.

Darüber hinaus schafft die Scout24-Gruppe schon heute die strategischen und strukturellen Rahmenbedingungen für das Wachstum von morgen. Gegenseitiger Austausch sowie eine enge Zusammenarbeit mit Partnern und Kunden sind fest in der Unternehmenskultur verankert. Grundlage ist die Überzeugung, dass ein offenes und kooperatives Klima der ideale Nährboden für die Entwicklung marktfähiger Innovationen ist. Umgesetzt wird diese Philosophie nicht zuletzt im YOU IS NOW-Lab von lmmobilienScout24, das es Mitarbeitern, aber auch externen Startup-Teams ermöglicht, neue Geschäftsideen zu entwickeln.

© Springer Fachmedien Wiesbaden 2014
M. Faber, H. Riedel, *Die erfolgreiche Probezeit*, essentials,
DOI 10.1007/978-3-658-07169-1_7

Abb. 7.1 Andrea Hollenburger, Senior Vice President Human Resources, Scout24 Holding GmbH

Wie gestalten Sie die Probezeit neuer Mitarbeiter in Ihrem Unternehmen? Hollenburger: Wir beschäftigen uns mit der Probezeit des neuen Mitarbeiters, die in unserem Haus generell sechs Monate dauert, schon vor seinem ersten Arbeitstag: Ihm wird ein individuell gestalteter Einarbeitungsplan für die ersten Wochen zusammengestellt, den er schon vor Arbeitsbeginn im Briefkasten findet. Der Plan enthält zum Beispiel Informationen darüber, welche Kollegen er kennenlernt, in welche Aufgaben er eingewiesen und an welchen Fortbildungsmaßnahmen er teilnehmen wird. Sehr wichtig ist hierbei die chronologische Darstellung der einzelnen Maßnahmen, damit der Mitarbeiter zu jeder Zeit weiß, was auf ihn zukommt.

Was erwartet den „Neuen" an seinem ersten Tag? Hollenburger: Uns ist bewusst, dass der erste Arbeitstag für einen guten und konstruktiven Start am neuen Arbeitsplatz entscheidend ist. Aus diesem Grund bringen wir dem neuen Mitarbeiter viel Aufmerksamkeit entgegen: Sein Arbeitsplatz muss komplett funktionsfähig sein und er muss in der Lage sein, alle Kommunikationsmittel zu nutzen. Am ersten Arbeitstag erhält der neue Mitarbeiter auch das „New Scouties Welcome Package", in dem grundlegende Informationen über das Unternehmen und die Arbeitsweise bei Scout24 zusammengefasst sind. Es gibt keine gesonderte Einführungsveranstaltung, doch gibt es bei Scout24 regelmäßige „all hands Meetings", bei dem der neue Mitarbeiter in einer angenehmen Athmosphäre seine Kollegen sowie die Kollegen der anderen Verticals kennenlernt und viel über das Unternehmen und unsere Kultur erfährt, sowie Informationen zu aktuellen Projekten, Financials und neuen Produkten.

Auch während der gesamten Probezeit wird der Mitarbeiter intensiv betreut. Regelmäßig finden Gespräche mit dem direkten Vorgesetzten und der Personalabteilung statt, in denen Fortschritte oder eventuelle Schwierigkeiten besprochen werden. Im vierten Monat findet der „Scouties Dialogue" statt. Während dieses Gesprächs werden alle Aspekte der Zusammenarbeit beleuchtet und Maßnahmen für die Zukunft geplant.

Was sind für Sie die wichtigsten Faktoren für eine erfolgreiche Probezeit? Hollenburger: Ein wichtiger Faktor für eine erfolgreiche Probezeit ist der Integrationsgrad des Mitarbeiters. Wir möchten wissen, wie gut er in sein Team eingegliedert ist und wie sein Beitrag zur Teamarbeit im Detail aussieht. Ein weiterer Indikator ist der Grad der Zielerreichung bei den vereinbarten Aufgaben. Man muss jedoch berücksichtigen, dass der Mitarbeiter zu diesem Zeitpunkt noch nicht seine volle Leistungsfähigkeit entfaltet haben kann.

Was sind für Sie die häufigsten Gründe für eine Trennung während der Probezeit? Hollenburger: Der häufigste Grund ist ganz einfach zu beschreiben: Die „Chemie" stimmt nicht. Ein gemeinsames Verständnis und gegenseitige Wertschätzung sind die Basis für eine erfolgreiche Zusammenarbeit. Ohne diese Basis ist eine gemeinschaftliche Leistungserbringung nur mit großen Widerständen möglich und führt selten zum gewünschten Ziel. Ein anderer wichtiger Grund für eine Trennung in der Probezeit ist eine Abweichung die gegenseitigen Erwartungen betreffend.

Wie werden die Vorgesetzten auf die Einarbeitung neuer Mitarbeiter vorbereitet? Hollenburger: Die Führungskräfte bei Scout24 verfügen in der Regel über fundierte Kenntnisse und viel Erfahrung in der Einarbeitung neuer Kollegen. Doch damit ist es nicht getan. Aktiv begleitet werden sie von der Personalabteilung mit gezielten Coaching-Einheiten. In diesen Einheiten werden konkrete Fragestellungen erörtert und Lösungswege gemeinsam erarbeitet. Daneben bieten wir Führungskräften externe Trainings an, bei denen sie gezielt ihr Führungsverhalten, insbesondere in der Einarbeitung neuer Mitarbeiter, optimieren können.

Gibt es in Ihrem Unternehmen ein Zielvereinbarungssystem? Und wenn ja, wird dies auch schon in der Probezeit angewendet? Hollenburger:Unser Zielvereinbarungssystem gilt für alle Mitarbeiter und ist mit den variablen Gehältern gekoppelt, die in unserem Haus „Scouties Bonus" genannt werden. Die individuellen Mitarbeiterziele werden von den Bereichszielen und diese von den Unternehmenszielen abgeleitet. Dabei ist die Gewichtung abhängig von der Position und der Verantwortung des Mitarbeiters. Zu Beginn des Jahres werden die Ziele in einem persönlichen Gespräch zwischen Führungskraft und Mitarbeiter vereinbart und am Ende des Jahres der Zielerreichungsgrad besprochen. Für neue Mitarbeiter gilt das Zielvereinbarungssystem ebenfalls. Die Ziele werden im zweiten Monat der Beschäftigung vereinbart.

Trendthema Work-Life-Balance: Nicht mehr nur die Karriere zählt

8

„Mein Haus, mein Auto, mein Boot." Dieser Werbespot hat Kultstatus erreicht und beschreibt kurz und knapp, wie wichtig es ist, die finanziellen Mittel für gewisse Luxusgüter zur Verfügung zu haben. Allerdings: Ende der 90er Jahre kam diese Kampagne an. Heute trifft sie nicht mehr den Geist der Zeit – in den vergangenen Jahren wurden gleich mehrere Studien zu Zielen und Ansprüchen des akademischen Nachwuchses veröffentlicht, die einen Gegentrend aufzeigen. Nicht mehr die konventionelle, am Einkommen festgemachte Karriere steht oben auf der Agenda. Was zählt, ist ein austariertes Verhältnis von Arbeitszeit und Freizeit. In dieser „Work-Life-Balance" ist die Währung guter Arbeit nicht nur Erfolg und Geld. Sinn und Zufriedenheit sind ebenso wichtig.

8.1 Wertewandel bei Studenten

Weitere Studien zur Zufriedenheit und zu den Erwartungen an einen Arbeitsplatz signalisieren einen Wertewandel bei Studenten ebenso wie bei HR-Abteilungen. So nennt die letzte Absolventenstudie 2011/2012 von Kienbaum Communications Befunde zur Befindlichkeit der Berufsanfänger. Für 71 % markieren Familie und Freunde die wichtigsten Eckwerte des Lebens. Danach folgt die Selbstverwirklichung. Erst auf Rang drei steht das sonst gewohnte Duo: Erfolg und Karriere. Offenbar ist ein neuer Lebensplan geboren – schon bei den jungen Arbeitnehmern. Dazu gehört zwar auch Selbstverwirklichung im Job, aber eben nicht um jeden Preis. Studenten merken heute schon während der akademischen Ausbildung, was es bedeutet Leistungsdruck und Konkurrenzdenken ausgesetzt zu sein. Michae-

© Springer Fachmedien Wiesbaden 2014
M. Faber, H. Riedel, *Die erfolgreiche Probezeit,* essentials,
DOI 10.1007/978-3-658-07169-1_8

la Hombrecher, Techniker Krankenkasse, beobachtet vor diesem Hintergrund ein „steigendes Verordnungsvolumen von Psychopharmaka und höhere Inanspruchnahme von psychotherapeutischer Unterstützung bei Studierenden. Dies legt die Vermutung nahe, dass die Reformen in der akademischen Ausbildung nicht spurlos an den jungen Menschen vorbeigehen. Der Druck, das Studium zügig zu absolvieren, ist durch Studiengebühren und die neuen Bachelor- und Master-Studienabschlüsse gestiegen."

Offenbar haben Berufsanfänger ein Leiden hinter sich und ein Leid-Bild der Arbeit im Kopf. Es sind reale oder auch nur vermutete Arbeitsbedingungen, die den Start in das Berufsleben begleiten:

- Verdichtung von Arbeit, dadurch weniger Freizeit
- zeitlicher Druck
- Konkurrenz innerhalb der Mitarbeiter
- Aufstiegserwartungen
- Kostendruck in allen Branchen
- dauerhafte Erreichbarkeit permobilem Internet
- Wegfall der Grenze zwischen Arbeit und Freizeit

Vor diesem Hintergrund zeigt die Kienbaum-Studie auch folgendes Ergebnis: Für die Hälfte der befragten Absolventen sind Work-Life-Balance und kollegiale Arbeitsatmosphäre entscheidungsrelevant für eine Stelle. Dazu gehören flache Hierarchien, flexible Arbeitszeiten und die Möglichkeit, Beruf und Familie in Einklang zu bringen.

Das Private wird nicht mehr der Karriere geopfert. Heute geht es um Arbeitsqualität, die mit Lebensqualität einhergeht – auch bei Wirtschaftswissenschaftlern. Die Studie der Personalberatung Dwight Cribb für ImmobilienScout24 vom Oktober 2012 ergab: Work-Life-Balance ist wichtiger als Gehalt (70 vs. 65 %). Aufstiegschancen rangieren mit 62 % nur an vierter Stelle. Bei der Wahl des Arbeitgebers dominiert bei vielen Wirtschaftsstudenten die „Maximierung der persönlichen Bedürfnisbefriedigung", danach folgen klassische KarriereKriterien. Frauen sind ein sicherer Arbeitsplatz (72 %) sowie ein ausgeglichenes Verhältnis von Berufs- und Privatleben (75 %) wichtig. Weitere wichtige Auswahlkriterien sind ein gutes Betriebsklima und die Unternehmensphilosophie.

8.2 Typologie des Nachwuchses

Was allerdings im Rahmen der Studien auch auffällt: Die Idee von der Work-Life-Balance leitet nur einen Teil des Nachwuchses. Die GfK Grundlagenstudie „Leben & Arbeiten in Deutschland 2012" ortet zwar eine Generation Y, die Geld und Status eintauscht gegen sinnstiftende Arbeit. Die GfK nennt diesen Typus „Vereinbarer". Sie sind jung, unter 35 Jahre alt, gebildet, optimistisch und bringen Arbeit, Familie und Freizeit unter einen Hut. Job und Kinder sind kein Widerspruch, die Hausfrauen-Ehe keine Lösung und Familienarbeit kein Tabu. Alle Schichten sind vertreten. Aber: Zur Generation Y gehören nur 30 % der jungen Beschäftigten. Diese Postmaterialisten arbeiten etwa zwei Stunden weniger als Ältere und haben mehr Zeit: für private Kontakte, Internet, Facebook, Smartphone. Kehrseite: In der Hierarchie rangieren sie ein bis zwei Stufen unter Kollegen, die herkömmlich orientiert sind.

Der Typus des „Berufsorientierten" macht ein Viertel aus und hat wie gehabt Karriere im Kopf. Zwei Drittel der unter 30-Jährigen verzichten dafür auf Hobbys, die Hälfte auf Freunde, jeder dritte auf Gesundheit, jeder vierte auf Familie. Der Job hat für diese – meist männlichen – Typen seinen Charme. Folgen werden eingepreist: Für 70 % gehören Zeitdruck, Stress, Ehe- und Lebenskrisen, Gesundheitsbeschwerden dazu. Überraschend: Mehr Workaholics fürchten den Verlust des Jobs als jene, die weniger verdienen und Job und Privates vereinbaren.

Anders als die Workaholics nehmen sich „Familienorientierte" Zeit für Kinder und Partner. Diese von Frauen geprägte Gruppe hat ein Handicap. Wenn der Partner zu den Berufsorientierten gehört, tragen die Familienmenschen – unfreiwillig – eine Doppelbelastung mit Beruf, Haushalt, Familie. Daher plädieren besonders weibliche Absolventen mit FamilienSinn für Flexibilität, Teilzeitangebote und Home-Offices. Fast am Gegenpol zu den Familienorientierten arbeiten die „Unabhängigen". Sie sind entspannt, verdienen gut. Hier finden sich überwiegend Singles und kinderlose Paare.

Für die Deutsche Gesellschaft für Personalführung hat die Generation Y ein Janusgesicht. Einerseits stelle sie vieles in Frage, sei ziellos, sprunghaft und ihr fehle das Gespür für klassische Werte wie Ordnung, Pünktlichkeit oder angemessene Kleidung. Andererseits schlagen zu Buche: Web 2.0-Kompetenz, Kreativität. Da sich diese nicht in ein konventionelles Korsett pressen lassen, müssen Unternehmen umdenken.

8.3 Work-Life-Balance und Bewerbung

Doch wie viel vom Wunsch rettet sich vom Studium in die Wirklichkeit? Sind es Flausen, mit denen Nachwuchskräfte die Personaler eher verstören denn überzeugen? Gerät nach Bachelor oder Master die Work-Life-Balance aus den Fugen, weil Wunsch und Wirklichkeit auseinanderklaffen? Bis vor zehn Jahren war Work-Life-Balance tabu bei Personalmanagern, so der Work-Life-Balance-Monitor des BWL-Instituts der TU Darmstadt. Heute rückt es in Bewerbungsgespräche vor.

Allerdings sollte man, so der Monitor, nicht direkt im Einstieg des Gesprächs nach flexiblen Arbeitszeiten fragen.

8.4   Was Unternehmen tun können: Talking-Action-Gap vermeiden

Die Kienbaum Studie 2011 sieht „immense Herausforderungen" für Rekrutierung und Employer Branding. Zum einen verknappt die demografische Entwicklung das Angebot an Nachwuchskräften, zum anderen wandeln sich die Anforderungen der jungen Menschen. Nur derjenige, dem es gelingt, sie zu Höchstleistungen zu motivieren, wird im Wettbewerb bestehen. Läuft die Work-Life-Balance aus dem Ruder, kann das betriebswirtschaftliche Folgen haben, zum Beispiel:

- hohe Fehlzeiten
- hohe Fluktuation der Mitarbeiter/Innen
- geringe Auslastung der Produktionskapazitäten
- Produktionsausfälle, Störung des Workflows
- geringe Innovationskraft und geringes Kreativitätspotenzial
- weniger Geschäftsabschlüsse

Die Rücksicht auf das Privatleben und die Freizeit der Arbeitnehmer wird zum Argument auch beim Recruitment: Sie zahlt sich aus wie eine emotionale Bindung an Arbeitsplatz und Arbeitnehmer. Unternehmen können eine Reihe von Instrumenten einsetzen, um ein gutes Arbeitsklima zu schaffen. Sie reichen von der Vereinbarkeit von Beruf und Familie bis zu Details wie der Tasse mit persönlichem Namen zum Neustart und beinhalten zum Beispiel:

- frei einteilbare Arbeitszeiten, Gleitzeit, Arbeitszeitkonten
- leichter Wiedereinstieg nach Schwangerschaft, Elternzeit
- Home-Office
- Sportangebote im Unternehmen
- Ruheräume, gemeinsame Frühstücksräume
- betriebseigene Kinderbetreuung
- Vorschlagsmanagement der Mitarbeiter
- Mentoren für Neuanfänger
- Weiterbildung

Lassen sich Privates und Berufliches koordinieren, „profitiert nicht nur der Mitarbeiter, sondern auch das Unternehmen", so Martin Sonnenschein Managing Director Central Europe beim Beratungsunternehmen A. T. Kearney. „Lebensentwürfe verändern sich und High Potentials erwarten heute mehr denn je, dass Arbeitgeber sich ihrem Lebensstil anpassen. Unternehmen reagieren mit Work-Life-Balance Programmen. Nicht alle Programme halten, was sie versprechen". So attestiert der HR-Report 2012/2013 des Instituts für Beschäftigung und Employability IBE eine „Talking-Action-Gap": Nur für ein knappes Drittel der Entscheider ist die Work-Life-Balance eines der zentralen HR-Themen. Vielmehr wird die Führungskultur als besonders relevant erachtet. Für 43 % ist Mitarbeiterbindung wichtig. Der weibliche Nachwuchs steht selten auf der Agenda: Für ein Drittel gilt, dass die steigende Zahl arbeitender Frauen ihre Personalpolitik nicht beeinflusst. Wichtiger sind interkulturelle Kompetenzen aus dem Ausland.

8.5   High Potentials und Work-Life-Balance bei der DB Mobility Logistics AG

Interview mit Dr. Ursula Schütze-Kreilkamp, Leiterin Personalentwicklung Konzern und Konzernführungskräfte, DB Mobility Logistics AG und Vize-Präsidentin, Bundesverband der Personalmanager (BPM), Berlin (Abb. 8.1)

Sind Karriere und Geld noch die stärksten Antriebe für High Potentials? Nach wie vor spielen Karriere und Gehalt zwar eine Rolle für High Potentials, allerdings haben sich Inhalte und Gewichtung verändert. Mit Karriere assoziieren High Potentials Karriere-Möglichkeiten, sprich: Wie viel Gestaltungsräume werde ich haben? Wie viel Selbstbestimmung darf ich ausüben, wie viele hierarchischen Realitäten muss ich mich beugen? High Potentials sammeln in der Regel Erfahrungen außerhalb des Elternhauses, durch Auslandsaufenthalte und Praktika. Sich durch-

Abb. 8.1 Dr. Ursula Schütze-Kreilkamp, Leiterin Personalentwicklung Konzern und Konzernführungskräfte, DB Mobility Logistics AG und Vize-Präsidentin, Bundesverband der Personalmanager (BPM), Berlin

setzen zu müssen, kreativ zu (über-)leben, vieles gestalten zu dürfen ist ihnen vertraut. Ebenso das sich Einfinden in fremde Kulturen und soziale Zusammenhänge. Dies unterstützt das Streben nach hierarchieflachen Strukturen, angstfreiem Handeln und mutigen Alleingängen im Rahmen des beruflichen Entfaltungswunsches. Gehalt wird als Ausdruck der Wertschätzung verstanden, über dessen Höhe nicht gefeilscht wird, sondern das quasi selbstverständlich in der als gerecht empfundenen Höhe gezahlt werden sollte.

Sind Work-Life-Balance-Ideen Flausen? Wie groß ist die Gefahr, Personaler zu irritieren? Work-Life-Balance ist heute kein Ausnahmethema mehr. Im Gegenteil – eine reflektierte, gut argumentierte Darstellung zeugt von bewusstem Umgang mit sich und seinem Leben.

Wie wichtig ist das Thema im Recruitment-Prozess? Work-Life-Balance ist eher ein indirekter Bestandteil des Recruitments. Moderne Unternehmen wollen sich in ihren Recruitment-Aktivitäten als kulturell hoch entwickelte, den Arbeitnehmer wertschätzende Unternehmen präsentieren. Sinnhafte Arbeit anzubieten in einer guten Arbeits- und persönlichen Entwicklungsatmosphäre unter Respektierung und Beachtung des Privatlebens des Einzelnen, ist heute Aufgabe und Ziel vieler Arbeitgeber.

8.6 Unzufriedenheit und Burnout

Während in den Niederlanden zwei von drei Arbeitnehmern einen Gleichklang von Job und Familie verspüren, sind es in Deutschland nur die Hälfte. Eine andere Zahl der Studie des Bürodienstleisters Regus von 2012 weist nach, dass Mehrarbeit nicht nur negativ bewertet wird: 64 % geben an, trotz Mehrarbeit mehr Spaß an der Arbeit zu haben als früher. Auch die Kienbaum Studie von 2007 „Work-Life-Balance von Top-Managern" stellt fest, dass Geld und Karriere nicht allein zur Arbeit motivieren: 95 % sagen „Arbeit macht mir Spaß." Doch bei anderen hört der auf, so die Studie „Leben & Arbeiten in Deutschland". 57 % fühlen sich vom Job belastet, 58 % klagen über Stress, 68 % akzeptieren Mehrarbeit nur, um mehr zu verdienen. Die Studie entlarvt zudem die Legende vom Top-Verdiener, der für mehr Geld mehr arbeitet. Sowohl Bezieher geringer als auch hoher Einkommen arbeiten nahezu gleich lang.

Primär junge Menschen leiden unter Arbeitsdruck und identifizieren sich kaum mit ihrem Arbeitgeber, so die Studie „GfK International Employee Engagement" aus 2011. Nur 21 % der 18- bis 29-Jährigen fühlen sich „sehr verbunden" mit ihrem Arbeitgeber, aber 31 % der über 60-Jährigen. Die GfK sieht in dieser Kluft zwischen „Junioren" und „Senioren" die Gefahr einer gespaltenen Arbeitnehmerschaft „Zukünftig müssen Arbeitgeber überzeugende Konzepte liefern, wenn sie im Kampf um Talente bestehen und eine nachhaltig engagierte Mitarbeiterschaft erhalten wollen", so Dr. Ingrid Feinstein, Senior Consultant, GfK SE Trustmark. (Abb. 8.2)

Salopp heißt es: Wer gut drauf ist, arbeitet gerne und besser. Doch auch wenn der Job Spaß macht oder als Notwendigkeit erkannt wird, um die Basis für (andere) postmaterielle Werte zu schaffen: Wenn das Arbeitspensum auf Dauer zu hoch ist, wird aus Spaß Ernst. Die Folgen sind abzulesen. 42 % der Jung-Akademiker zählen sich zur Burnout-Risikogruppe, so das Marktforschungsunternehmen Trendence. Zeichen eines Burnouts (nach Matthias Burisch: Das Burnout Syndrom. Theorie der inneren Erschöpfung. Heidelberg: Springer):

- Nicht-Abschalten-Können: Grübeleien, Schlafschwierigkeiten
- Aufmerksamkeits- und Konzentrationsstörungen, Zerstreutheit, Flüchtigkeitsfehler
- Gefühl von Zeitnot und Gehetztheit, Unruhe; Unfähigkeit zur Entspannung
- Sozialer Rückzug: Meidung von Kontakten mit Kunden, Kollegen, Freunden
- Verringerte Emotionskontrolle: Reizbarkeit; Wutausbrüche; starre Mimik (Pokerface)
- Leistungsabfälle; unnötige Überstunden
- Krankheitsanfälligkeit: Fehlzeiten

Prozentanteil der Mitarbeiter, die „oft" bzw. „fast immer" unzufrieden sind mit:

Alter	Work-Life-Balance	Arbeitsdruck	Arbeitsplatzsicherheit	Lange Arbeitszeit	Ressourcen zur effektiven Jobgestaltung	Persönliche Gesundheit
18–29	39	40	33	31	34	32
30–39	34	38	31	26	31	26
40–49	30	36	26	23	30	25
50–59	28	34	27	23	32	27
60+	24	28	24	17	22	22

Abb. 8.2 Unzufriedene Mitarbeiter. (Quelle: GfK International Employee Engagement Studie 2011)

8.7 Anregung zum Nachdenken

Der Balanceakt zwischen Job und Freizeit klappt nicht immer. Doch Kritiker kontern: Muss er auch nicht. Schon der Versuch, Job und Familie zu arrangieren, kann Stress erzeugen. Die Folgen: Frust in Firma und Familie. Die Ansprüche sollten daher auch nicht übertrieben hoch gesetzt werden. In diesem Sinn rät beispielsweise das Magazin „Business Punk": „Pfeift auf die Work-Life-Balance. Dieses ganze Konzept der Work-Life-Balance nervt. Es tut so, als könnten wir alles gleichzeitig haben."

Was Sie aus diesem Essential mitnehmen können

- Tipps und Tricks für einen erfolgreichen Start in ein Unternehmen
- Vorschläge zur aktiven Gestaltung des neuen Arbeitsplatzes
- Hilfestellungen zur Kommunikation mit neuem Chef und neuen Kollegen
- Interviews mit Personalern aus der Praxis
- Wichtige Anregungen für eine ausgeglichene Work-Life-Balance

© Springer Fachmedien Wiesbaden 2014
M. Faber, H. Riedel, *Die erfolgreiche Probezeit*, essentials,
DOI 10.1007/978-3-658-07169-1

Weiterführende Literatur

Dietrich, J. (2014). *Gehirngerechtes Arbeiten und beruflicher Erfolg*. Wiesbaden: Springer Gabler.

Faber, M., Siems, S., Riedel, H., & Pohl, E. (2014). *Berufseinstieg und Probezeit aktiv gestalten*. Wiesbaden: Springer Gabler.

Fiehöfer, B., & Pohl, E. (2014). *Berufseinstieg für Ingenieure*. Wiesbaden: Springer Gabler.

Riedel, H., & Pohl, E. (2014). *Berufseinstieg für Wirtschaftswissenschaftler*. Wiesbaden: Springer Gabler.

Schön, W. (2014). *Erfolgsfaktor Eigenpositionierung*. Wiesbaden: Springer Gabler.

Uhl, G., & Uhl-Vetter, E. (2013). *Business-Etikette in Europa*. Wiesbaden: Springer Gabler.

Woischwill, B., Große Klönne, L., & Rippler, S. (Hrsg.). (2013). *Trainee-Knigge*. Wiesbaden: Springer Gabler.

© Springer Fachmedien Wiesbaden 2014
M. Faber, H. Riedel, *Die erfolgreiche Probezeit*, essentials,
DOI 10.1007/978-3-658-07169-1